DAS TOBIAS-TRIPTYCHON / DAS BUCH TOBIAS

DAS TOBIAS-TRIPTYCHON

DAS BUCH TOBIAS

BILDTEPPICHE NACH ENTWÜRFEN
VON WALTHER ROGGENKAMP
GEWOBEN VON HILDEGARD OSTEN

MIT BEITRÄGEN VON
BARBARA NORDMEYER
KATRIN HOFMANN

VERLAG FREIES GEISTESLEBEN

DAS TOBIAS-TRIPTYCHON

RO

1983

DAS BUCH TOBIAS

Frömmigkeit des alten Tobias

Es war ein Mann mit Namen Tobias, aus dem Stamme Naphthali, aus Thisbe, einer Stadt in Ober-Galiläa, über Aser, an der Straße zur linken Seite gegen das Meer. Derselbe ward mitgefangen zu den Zeiten Salmanassers, des Königs in Assyrien. Und wiewohl er also unter Fremden gefangen war, ist er dennoch von Gottes Wort nicht abgefallen. Und alles, was er hatte, teilte er seinen mitgefangenen Brüdern und Verwandten mit. Und wiewohl er der jüngste Mann war des Stammes Naphthali, so hielt er sich doch nicht kindisch. Und da sonst jedermann den goldenen Kälbern diente, welche Jerobeam, der König Israels, hatte machen lassen, mied er doch solchen Greuel und hielt sich zum Tempel und Gottesdienst zu Jerusalem und diente da dem Herrn und betete an den Gott Israels, gab auch seine Erstlinge und Zehnten ganz treulich, also daß er allezeit im dritten Jahr den Fremdlingen, Witwen und Waisen ihren Zehnten gab. Solches hielt er von Jugend auf nach dem Gesetz des Herrn.

Wohltätigkeit des Tobias

Da er nun erwachsen war, nahm er ein Weib, auch aus dem Stamm Naphthali, mit dem Namen Hanna, und hatte mit ihr einen Sohn, welchen er auch Tobias nannte; und lehrte ihn Gottes Wort von Jugend auf, daß er Gott fürchtete und die Sünde miede.

Und als er mit seinem ganzen Stamm, mit seinem Weibe und Sohne unter den Gefangenen weggeführt ward in die Stadt Ninive und jedermann aß von den Opfern und Speisen der Heiden, hütete er sich und verunreinigte sich nicht mit solcher Speise. Und weil er von ganzem Herzen den Herrn fürchtete, gab ihm Gott Gnade vor Salmanasser, dem König von Assyrien, daß er ihm erlaubte, frei zu gehen, wohin er wollte, und auszurichten, was er zu tun hatte. So zog er nun zu allen, die gefangen waren, und tröstete sie mit Gottes Wort.

Und er kam in die Stadt Rages in Medien und hatte bei sich zehn Pfund Silber, damit ihn der König begabt hatte. Und da er unter anderen Israeliten sah einen mit Namen Gabael aus seinem Stamm, der sehr arm war, lieh er ihm das Geld und nahm eine Handschrift von ihm.

Lange aber hernach, nach dem Tode Salmanassers, da sein Sohn Sanherib regierte, welcher den Kindern Israels feind war, ging Tobias täglich zu allen Israeliten und tröstete sie und teilte einem jeglichen mit von seinen Gütern, was er vermochte. Die Hungrigen speiste er, die Nackten kleidete er, die Erschlagenen und Toten begrub er sorglich. Sanherib aber, der König, war geflohen aus Judäa, da ihn Gott geschlagen hatte um seiner Lästerung willen. Da er nun wiederkam, war er ergrimmt und ließ viele der Kinder Israels töten; deren Leichname pflegte Tobias zu begraben. Als aber solches der König erfuhr, hieß er ihn töten und nahm ihm alle seine Güter. Tobias aber floh mit seinem Weibe und Sohne und hielt sich heimlich bei guten Freunden.

Aber nach fünfundvierzig Tagen ward der König von seinen eigenen Söhnen erschlagen. Und Tobias kam wieder heim, und all sein Gut ward ihm wiedergegeben.

Danach am Feste der Pfingsten, da Tobias in seinem Hause ein herrliches Mahl zugerichtet hatte, sprach er zu seinem Sohne: Gehe hin und lade etliche Gottesfürchtige aus unserm Stamme, daß sie mit uns essen. Und als er wieder heimkam, sagte er dem Vater Tobias, daß einer auf der Gasse erschlagen läge. Da stand Tobias alsbald auf vom Tisch, vor dem Essen, und ging zu dem Leichnam und hob ihn auf und trug ihn heimlich in ein Haus, daß er ihn des Nachts heimlich begrübe. Und als er die Leiche heimlich versteckt hatte, wusch er sich und aß sein Brot mit Trauern und dachte an das Wort, welches der Herr geredet hatte durch Amos, den Propheten: Eure Feiertage sollen zu Trauertagen werden. Und des Nachts ging er hin und begrub den Toten. Seine Freunde aber alle straften ihn und sprachen: Erst neulich hat dich der König um der Sache willen heißen töten und bist kaum davongekommen, und dennoch begräbst du die Toten. Tobias aber fürchtete Gott mehr denn den König und trug heimlich zusammen die Erschlagenen und hielt sie heimlich in dem Hause, und des Nachts begrub er sie.

Erblindung des Tobias und sein Gottvertrauen

Es begab sich aber an einem Tage, da er heimkam, als er Tote begraben hatte und müde war und sich an die Wand des Hofes legte, weil er verunreinigt war, und einschlief, schmeißte eine Schwalbe aus ihrem Nest; das fiel ihm heiß in die Augen; davon war er blind. Solche Trübsal aber ließ Gott über ihn kommen, daß die Nachkommen ein Beispiel der Geduld hätten wie an dem heiligen Hiob. Denn nachdem er von Jugend auf Gott gefürchtet und seine Gebote gehalten hatte, zürnte und murrte er nicht wider Gott, daß er ihn hatte lassen blind werden, sondern blieb beständig in der Furcht Gottes und dankte Gott all sein Leben lang. Und wie die Könige des heiligen Hiob spotteten, also verlachten Tobias seine eigenen Freunde und sprachen: Wo ist nun dein Vertrauen, darum du deine Almosen gegeben und so viele Tote begraben hast? Und Tobias strafte sie und sprach: Saget nicht also; denn wir sind Kinder der Heiligen und warten auf ein Leben, welches Gott geben wird denen, so im Glauben stark und fest bleiben vor ihm.

Vorwürfe seiner Frau

Hanna aber, sein Weib, die arbeitete fleißig mit ihrer Hand und ernährte ihn mit Spinnen. So begab es sich, daß sie eine junge Ziege heimbrachte, die sie bekommen hatte. Und da sie ihr Mann Tobias hörte blöken, sprach er: Sehet zu, daß es nicht gestohlen sei! Gebet's dem rechten Herrn wieder; denn uns gebührt nicht zu essen vom gestohlenen Gut oder dasselbe anzurühren. Über diese Rede ward seine Hausfrau zornig, antwortete und sprach; Da sieht man, daß dein Vertrauen nichts ist und deine Almosen verloren sind. Mit solchen und anderen Worten mehr warf sie ihm sein Elend vor.

Gebete des alten Tobias in Ninive

Da seufzte Tobias tief und hob an zu weinen und zu beten und sprach: Herr, du bist gerecht, und all dein Tun ist recht und eitel Güte und Treue. Und nun, mein Herr, sei mir gnädig und räche nicht meine Sünden, gedenke nicht meiner oder meiner Väter Missetaten.

Denn weil wir deine Gebote nicht gehalten haben, so sind wir auch dahingegeben unsern Feinden, daß sie uns berauben, gefangen halten und töten, und sind zu Schanden und Spott und Hohn geworden den Fremden, dahin du uns zerstreut hast. Und nun, Herr, schrecklich sind deine Gerichte, weil wir deine Gebote nicht gehalten und nicht recht gewandelt haben vor dir. Ach, Herr, erzeige mir Gnade und nimm meinen Geist weg im Frieden; denn ich will viel lieber tot sein denn leben.

Gebet der Sara in Ekbatana

Und es begab sich desselben Tages, daß Sara, die Tochter Raguels, in der Meder Stadt Ekbatana auch übel geschmäht und gescholten ward von einer Magd ihres Vaters. Man hatte ihr nämlich sieben Männer nacheinander gegeben, und ein böser Geist, Asmodi genannt, hatte sie alle getötet, alsbald wenn sie sich zu ihr tun sollten. Da nun Sara die Magd wegen einer Verschuldung schalt, antwortete diese und sprach: Gotte gebe, daß wir nimmer einen Sohn oder Tochter von dir sehen auf Erden, du Männermörderin! Willst du mich auch töten, wie du die sieben Männer getötet hast? Auf solche Worte ging sie in eine Kammer oben im Haus und aß und trank nicht drei Tage und drei Nächte und hielt an mit Beten und Weinen und bat Gott, daß er sie von der Schmach erlösen wollte.
Danach am dritten Tage, da sie ihr Gebet vollendet hatte, lobte sie Gott und sprach: Gelobet sei dein Name, Herr, du Gott unsrer Väter! denn wenn du gezürnt hast, erzeigst du Gnade und Güte, und in der Trübsal vergibst du Sünden denen, die dich anrufen. Zu dir, mein Herr, kehre ich mein Angesicht, zu dir hebe ich meine Augen auf und bitte dich, daß du mich erlösest aus dieser schweren Schmach oder mich von hinnen nehmest. Du weißt, Herr, daß ich keines Mannes begehrt habe und meine Seele rein behalten von aller bösen Lust und habe mich nie zu unzüchtiger und leichtfertiger Gesellschaft gehalten. Einen Mann aber zu nehmen, habe ich eingewilligt in deiner Furcht und nicht aus Vorwitz; und entweder bin ich ihrer oder sie sind mein nicht wert gewesen, und du hast micht vielleicht einem anderen Mann behalten.

Denn dein Rat steht nicht in Menschengewalt. Das weiß ich aber fürwahr: Wer Gott dient, der wird nach der Anfechtung getröstet und aus der Trübsal erlöst, und nach der Züchtigung findet er Gnade. Denn du hast nicht Lust an unserm Verderben. Denn nach dem Ungewitter lässest du die Sonne wieder scheinen, und nach dem Heulen und Weinen überschüttest du uns mit Freuden. Deinem Namen sei ewiglich Ehre und Lob, du Gott Israels!

Erhörung der Gebete

In der Stunde ward dieser beider Gebet erhört von dem Herrn im Himmel. Und der heilige Raphael, der Engel des Herrn, ward gesandt, daß er ihnen beiden hülfe, weil ihr Gebet zu der gleichen Zeit vor dem Herrn vorgebracht ward.

Mahnungen des Tobias an seinen Sohn

Da nun Tobias gedachte, daß sein Gebet also erhört wäre, daß er sterben würde, rief er seinen Sohn zu sich und sprach zu ihm: Lieber Sohn, höre meine Worte und behalte sie fest in deinem Herzen. Wenn Gott wird meine Seele wegnehmen, so begrabe meinen Leib und ehre deine Mutter all dein Leben lang; denke daran, was sie für Gefahr ausgestanden hat, da sie dich unter ihrem Herzen trug; und wenn sie gestorben ist, so begrabe sie neben mich.

Und dein Leben lang habe Gott vor Augen und im Herzen, und hüte dich, daß du in keine Sünde willigst und tust wider Gottes Gebote. Von deinen Gütern hilf den Armen und wende dich nicht vom Armen, so wird dich Gott wieder gnädig ansehen. Wo du kannst, da hilf den Dürftigen. Hast du viel, so gib reichlich; hast du wenig, so gib doch das Wenige mit treuem Herzen. Denn du wirst sammeln einen rechten Lohn in der Not. Denn die Almosen erlösen von allen Sünden, auch vom Tode, und lassen nicht in der Not. Almosen ist ein großer Trost vor dem höchsten Gott. Hüte dich, mein Sohn, vor aller Hurerei, und nimm dir ein Weib aus dem Geschlechte deiner Väter. Hoffart laß weder in deinem Herzen noch in deinen Worten herrschen, denn sie ist ein Anfang alles Verderbens. Wer dir arbeitet, dem gib alsbald seinen Lohn, und behalte niemand seinen verdienten Lohn vor. Was du nicht willst, daß man dir tue, das tu einem andern auch nicht. Teile dein Brot den Hungrigen mit und bedecke die Nackten mit deinen Kleidern. Gib Almosen von deinem Brot und Wein bei dem Begräbnis der Frommen; und iß und trinke nicht mit den Sündern. Allezeit such Rat bei den Weisen. Und danke allezeit Gott und bete, daß er dich regiere und du in allem deinem Vornehmen seinem Wort folgest. Du sollst auch wissen, mein Sohn, daß ich zehn Pfund Silber, da du noch ein Kind warst, geliehen habe dem Gabael in der Stadt Rages in Medien; und seine Handschrift habe ich bei mir. Darum denke, wie du zu ihm kommest und solch Geld forderst und ihm seine Handschrift wiedergebest. Sorge nur nichts, mein Sohn. Wir sind wohl arm, aber wir werden viel Gutes haben, so wir Gott werden fürchten, die Sünde meiden und Gutes tun.

Der junge Tobias reisebereit

Da antwortete der junge Tobias seinem Vater und sprach: Alles, was du mir gesagt hast, mein Vater, das will ich tun. Wie ich aber das Geld einmahnen soll, das weiß ich nicht; er kennt mich nicht, so kenne ich ihn auch nicht. Was soll ich ihm für ein Zeichen bringen, daß er mir Glauben gebe? So weiß ich auch den Weg nicht dahin. Da antwortete ihm sein Vater und sprach: Seine Handschrift habe ich bei mir; wenn du die ihm weisen wirst, so wird er dir alsbald das Geld geben. Gehe nun hin und such einen treuen Gesellen, der um seinen Lohn mit dir ziehe, daß du solch Geld bei meinem Leben wiederkriegst.

Engel als Geleitmann

Da ging der junge Tobias hinaus und fand einen feinen jungen Gesellen stehen, der hatte sich angezogen und bereitet zu wandern; und er wußte nicht, daß er ein Engel Gottes war, grüßte ihn und sprach: Woher bist du, guter Gesell? Und er sprach: Ich bin Israeliter. Und Tobias sprach zu ihm: Weißt du den Weg ins Land Medien? Er antwortete: Ich weiß ihn wohl und bin ihn oft gezogen und bin zur Herberge gelegen bei unserm Bruder Gabael, welcher wohnt in der Stadt Rages in Medien. Und Tobias sprach zu ihm: Verzieh doch ein wenig, bis daß ich dies meinem Vater wieder sage. Und Tobias ging hinein und sagte solches seinem Vater; und der Vater verwunderte sich und bat den Jüngling, daß er hineinkäme. Und er ging zum Alten hinein und grüßte ihn und sprach: Gott gebe dir Freude! Und Tobias sprach zu ihm: Was soll ich für Freude haben, der ich im Finstern sitzen muß und das Licht des Himmels nicht sehen kann? Und der Jüngling sprach zu ihm: Habe Geduld, Gott wird dir bald helfen. Und Tobias sprach zu ihm: Willst du meinen Sohn geleiten in die Stadt Rages in Medien zu Gabael, so will ich dir deinen Lohn geben, wenn du wiederkommst. Und der Engel sprach zu ihm: Ich will ihn hinführen und wieder zu dir herbringen. Und Tobias sprach zu ihm: Ich bitte dich, zeige mir an, aus welchem Geschlecht und von welchem Stamme bist du? Und der Engel Raphael sprach: Sei zufrieden! Ist's nicht genug, daß du einen Boten hast? Was bedarfst du zu wissen, woher ich bin? Doch, daß du desto weniger sorgen dürftest, so will ich dir's sagen: Ich bin Asarja, des großen Ananja Sohn. Und Tobias sprach: Du bist aus einem guten Geschlechte; ich bitte dich, du wolltest nicht zürnen, daß ich nach deinem Geschlecht gefragt habe. Und der Engel sprach: Ich will deinen Sohn gesund hin- und wieder herführen. Tobias antwortete: So ziehet hin! Gott sei mit euch auf dem Wege, und sein Engel geleite euch!

Abschied von den Eltern

Da versah sich Tobias mit allem, was er mitnehmen wollte, und segnete Vater und Mutter und zog mit seinem Gesellen dahin. Und seine Mutter fing an zu weinen und sprach: Den Trost unsers Alters hast du uns genommen und weggeschickt. Ich wollte, daß das Geld nie gewesen wäre, darum du ihn weggeschickt hast. Wir wären wohl zufrieden gewesen mit unsrer Armut; das wäre ein großer Reichtum, daß unser Sohn bei uns wäre. Und Tobias sprach: Weine nicht; unser Sohn wird frisch und gesund hin- und wieder herziehen, und deine Augen werden ihn sehen. Denn ich glaube, daß ein guter Engel Gottes ihn geleitet und alles wohl schicken wird, was er vorhat, also daß er mit Freuden wird wieder zu uns kommen. Also schwieg seine Mutter still und gab sich zufrieden.

Fang des Fisches

Und Tobias zog hin, und sein Hündlein lief mit ihm. Und die erste Tagereise blieb er bei dem Wasser Tigris. Und er ging hin, daß er seine Füße wüsche; und siehe, ein großer Fisch fuhr heraus, ihn zu verschlingen. Vor dem erschrak Tobias und schrie mit lauter Stimme und sprach: O Herr, er will mich fressen! Und der Engel sprach zu ihm: Ergreife ihn bei den Schwanzflossen und ziehe ihn heraus! Und er zog ihn ans Land; da zappelte er vor seinen Füßen. Da sprach der Engel: Haue den Fisch voneinander; das Herz, die Galle und die Leber behalte dir, denn sie sind sehr gut zur Arznei. Und Tobias tat, wie ihm der Engel gesagt hatte; den Fisch aber brieten und aßen sie. Und sie reisten weiter miteinander, bis sie kamen nahe zu Ekbatana. Da fragte

andere Kammer zurichten. Dieselbe tat also und führte hinein Sara, ihre Tochter; und sie weinte. Und sie sprach zu ihr: Sei getrost meine Tochter! Der Herr des Himmels gebe dir Freude für das Leid, das du erlitten hast.

Anfang der Ehe mit Gebet

Und nach dem Abendmahl führten sie den jungen Tobias zu der Jungfrau in die Kammer. Und Tobias dachte an die Rede des Engels und langte aus seinem Sack ein Stücklein von dem Herzen und der Leber des Fisches und legte es auf die glühenden Kohlen. Und der Engel Raphael nahm den Geist gefangen und band ihn in die Wüste fern in Ägypten. Danach vermahnte Tobias die Jungfrau und sprach: Schwester, stehe auf und laß uns beten, daß der Herr sich unser erbarme. Denn wir sind Kinder der Heiligen, und uns gebührt nicht, solchen Stand anzufangen wie die Heiden, die Gott verachten.

Und sie standen auf und beteten beide fleißig, daß sie Gott behüten wolle. Und Tobias betete und sprach: Herr, mein Gott, du Gott unsrer Väter, dich sollen loben Himmel, Erde, Meer, alle Wasser und Brunnen und alle Kreaturen, die darinnen sind. Du hast gemacht Adam aus einem Erdenkloß und hast ihm gegeben Eva zu einer Gehilfin. Und nun, Herr, du weißt, daß ich nicht böser Lust halben diese meine Schwester zum Weibe genommen, sondern daß ich möge Kinder zeugen, dadurch dein heiliger Name ewiglich gepriesen und gelobt werde. Und Sara sprach: Herr, erbarme dich unser, daß wir beide gesund mögen unser Alter erlangen! Da schliefen die beiden die Nacht.

Erhörung des Gebets

Und um die Mitternacht rief Raguel seine Diener und ging mit ihnen, daß sie ein Grab machten. Denn er sprach: Es möchte ihm vielleicht auch gegangen sein wie den andern sieben, welche mit ihr vertraut gewesen sind. Und als sie das Grab gemacht hatten, kam Raguel zu seinem Weibe und sprach: Schicke hin eine Magd und laß sehen, ob er auch tot sei, daß wir ihn vor Tage begraben. Und die Magd schlich in die Kammer, fand sie beide gesund und frisch schlafend beieinander. Und sie brachte ihnen die gute Botschaft. Und Raguel und sein Weib Hanna dankten Gott und sprachen: Wir danken dir, Herr, du Gott Israels, daß es nicht geschehen ist, wie wir besorgten. Denn du hast deine Barmherzigkeit an uns erzeigt, und hast unsern Feind, der uns Leid tat, vertrieben. Du hast dich erbarmt über diese zwei einzigen Kinder. Und nun, Herr, gib ihnen, daß sie dich allezeit loben für solche Gnade und dir allezeit Preis und Lob opfern, daß andere Leute an ihnen erkennen, daß du allein Gott bist in aller Welt.

Das Freudenmahl

Und alsbald befahl Raguel, daß sie das Grab wieder füllten, ehe es Tag würde. Und seinem Weibe befahl er, daß sie wieder ein Mahl zurichtete und schaffte ihnen alle Notdurft auf den Weg. Und er liess zwei feiste Rinder schlachten und vier Schafe und lud alle seine Nachbarn und Freunde zu Gast. Und Raguel vermahnte und bat Tobias hoch, daß er zwei Wochen wollte bei ihm verziehen. Und von all seinen Gütern gab er die Hälfte dem Tobias und machte eine Verschreibung, daß nach seinem Tode die andere Hälfte auch dem Tobias werden sollte.

Reise des Engels zu Gabael

Da rief Tobias den Engel zu sich; denn er meinte, es wäre ein Mensch, und sprach zu ihm: Asarja, mein Bruder, ich bitte dich, höre mein Wort: Wenn ich mich dir gleich selbst zu einem eigenen Knecht gäbe, so wäre es doch nichts gegen deine Wohltat. Doch bitte ich dich: Nimm diese Knechte und Kamele und zieh zu Gabael gen Rages in Medien und gib ihm Handschrift und nimm von ihm das Geld und bitte ihn, daß er wolle zu meiner Hochzeit kommen. Denn du weißt, mein Vater zählt Stunden und Tage; und wenn ich einen Tag zu lange außen bliebe, so würde seine Seele betrübt. Und du weißt, wie sehr mich Raguel gebeten hat, daß ich's ihm nicht kann abschlagen.

Da nahm der Engel Raphael vier der Knechte Raguels und zwei Kamele und zog gen Rages und fand den Gabael und gab ihm die Handschrift und empfing das Geld von ihm. Und er zeigte ihm an vom Sohne des Tobias alles, was geschehen war, und bat ihn zur Hochzeit.

Gabael bei der Hochzeit

Und da sie miteinander kamen in das Haus Raguels, fanden sie Tobias über Tisch; und siehe, er stand vor ihnen auf, und sie küßten einander. Und Gabael weinte und lobte Gott und sprach: Es segne dich der Gott Israels! denn du bist eines frommen, gerechten und gottesfürchtigen Mannes Sohn, der den Armen viel Gutes getan hat. Gesegnet sei dein Weib und eure Eltern! Und Gott gebe, daß ihr sehet eure Kinder und eure Kindeskinder bis in das dritte und vierte Glied; und gesegnet sei dein Geschlecht von dem Gott Israels, der da herrschet und regieret ewiglich! Und als sie alle «amen!» gesprochen hatten, setzten sie sich zu Tische; aber das Mahl und die Freude hielten sie in Gottesfurcht.

Sorge der Eltern um ihren Sohn

Als aber der junge Tobias seiner Hochzeit halben lange außen war, fing der alte Tobias, sein Vater, an zu sorgen und sprach: Warum wird mein Sohn so lange außen sein, und was hält ihn auf? Vielleicht ist Gabael gestorben, und niemand will ihm das Geld wiedergeben. Und sie wurden sehr traurig, Tobias und Hanna, seine Hausfrau, und weinten beide, daß ihr Sohn auf die bestimmte Zeit nicht wieder heimkam.

Und seine Mutter weinte, daß sie sich nicht wollte trösten lassen, und sprach: Ach mein Sohn! ach, mein Sohn! Warum haben wir dich lassen wandern, unsrer Augen Licht, unser einziger Trost in unserm Alter, unser Herz und unser Erbe. Wir hätten Schatzes genug gehabt, wenn wir dich nicht hätten weggelassen. Und Tobias sprach zu ihr: Schweig und sei getrost! Unserm Sohn geht's, so Gott will, wohl; er hat einen treuen Gesellen mit sich. Sie aber wollte sich nicht trösten lassen und lief alle Tage hinaus und sah auf alle Straßen, da er her kommen sollt, ob sie ihn von ferne sähe.

Heimkehr des jungen Tobias

Raguel aber sprach zu seinem Eidam Tobias: Bleibe bei uns; ich will einen Boten schicken zu Tobias, deinem Vater, und ihn wissen lassen, daß dir's wohl geht. Und Tobias sprach: Ich weiß, daß mein Vater und meine Mutter jetzt alle Tage und Stunden zählen und sind meinethalben hoch bekümmert. Und als Raguel mit vielen Worten Tobias bat und er in keinem Weg darein willigen wollte, befahl er ihm Sara und gab ihm die Hälfte aller seiner Güter an Knechten, Mägden, an Vieh, Kamelen und Rindern und viel Geld und ließ ihn gesund und fröhlich von sich ziehen und sprach: Der heilige Engel des Herrn sei bei dir auf dem Wege und bringe dich gesund wieder heim, daß du deine Eltern gesund findest; und Gott gebe, daß meine Augen mögen eure Kinder sehen, ehe ich sterbe.

Und die Eltern nahmen die Tochter und küßten sie und ließen sie von sich und vermahnten sie, daß sie ja wollte ihres Mannes Eltern ehren als ihre eigenen Eltern, ihren Mann lieben, das Gesinde fleißig regieren und sich selbst züchtig halten.

Rat des Engels

Und auf dem Wege, da sie gen Haran kamen, welches auf halbem Wege ist gegen Ninive, am elften Tage, sprach der Engel: Tobias, mein Bruder, du weißt, wie wir deinen Vater verlassen haben. Wenn dir's gefiele, so wollen wir vorausziehen und dein Weib gemach lassen nachziehen mit dem Gesinde und Vieh. Und als Tobias solches gefiel, sprach Raphael: Nimm zu dir von des Fisches Galle, denn du wirst ihrer bedürfen. Da nahm Tobias des Fisches Galle zu sich, und sie zogen also voraus.

Freude der Eltern

Hanna aber saß täglich am Wege auf einem Berge, daß sie konnte weit um sich sehen. Und als sie an dem Ort nach ihm sah, ward sie ihres Sohnes gewahr von ferne und kannte ihn alsbald und lief hin und sagte es ihrem Manne und sprach: Siehe, dein Sohn kommt.

Und Raphael sprach zu Tobias: Sobald du wirst ins Hause kommen, so bete und rufe zum Herrn und danke ihm; und danach gehe zu deinem Vater und küsse ihn; und alsbald salbe ihm die Augen mit der Galle vom Fisch, welche du bei dir hast, so werden von Stund an seine Augen geöffnet werden, und dein Vater wird das Licht des Himmels schauen und über deinen Anblick sich freuen.

Da lief der Hund voran, welchen sie mit sich genommen hatten, und wedelte mit seinem Schwanz, sprang und stellte sich fröhlich. Und sein blinder Vater stand eilend auf und eilte, daß er sich stieß. Da rief er einen Knecht, der ihn bei der Hand führte seinem Sohn entgegen. Dergleichen tat die Mutter, und sie küßten ihn und weinten beide vor Freuden. Und als sie gebetet hatten und Gott gedankt, setzten sie sich zusammen nieder.

Heilung des alten Tobias

Da nahm Tobias von der Galle des Fisches und salbte dem Vater seine Augen. Und er litt das fast eine halbe Stunde. Und der Star ging ihm von den Augen wie ein Häutlein von einem Ei. Und Tobias nahm es und zog es von seinen Augen, und alsbald ward er wieder sehend. Und sie priesen Gott, er und sein Weib und alle, die es erfuhren.

Und Tobias sprach: Ich danke dir, Herr, du Gott Israels, daß du mich gezüchtigt hast und doch mir wieder geholfen, daß ich meinen lieben Sohn wieder sehen kann.

Ankunft der Sara

Und nach sieben Tagen kam auch Sara, seines Sohnes Weib, mit allem ihrem Gesinde, Vieh und Kamelen, und brachte viel Geld mit sich und auch das Geld, das er empfangen hatte von dem Gabael. Und Tobias erzählte seinen Eltern so viel Gutes, das Gott an ihm getan hatte durch den Gesellen, der mit ihm gezogen war. Und Achior und Nabath, des Tobias Vettern, kamen zu ihm und wünschten ihm Glück, freuten sich mit ihm alles des Glücks, das ihm Gott gegeben hatte. Und sieben Tage lang aßen sie miteinander und waren fröhlich.

Abschied Raphaels

Danach rief Tobias seinen Sohn zu sich und sprach: Was sollen wir doch dem heiligen Manne, deinem Gesellen, geben, der mit dir gezogen ist? Und Tobias antwortete seinem Vater: Wie können wir die großen Wohltaten, die er mir getan hat, vergelten? Er hat mich gesund hin- und wiedergebracht, hat das Geld selbst bei Gabael geholt, hat mir zu diesem Weibe geholfen; dazu hat er den bösen Geist vertrieben und ihre Eltern erfreut. Ja, mich selbst hat er errettet, da mich der große Fisch fressen wollte, und hat dir wieder geholfen zu deinem Gesicht und hat uns über die Maßen viel Gutes getan. Wie können wir ihm denn solche großen Wohltaten vergelten? Aber ich bitte dich, mein Vater: Biet ihm an die Hälfte aller Habe, die wir mit uns gebracht haben, daß er's wolle annehmen. Und beide, Vater und Sohn forderten ihn an einen Ort und baten ihn, daß er wolle annehmen die Hälfte aller Güter, die sie mit sich gebracht hatten.

Und er sagte heimlich zu ihnen: Lobet und danket ihr dem Gott des Himmels bei jedermann, daß er euch solche Gnade erzeigt hat. Der Könige und Fürsten Rat und Heimlichkeit soll man verschweigen; aber

Gottes Werke soll man herrlich preisen und offenbaren. Ein solch Gebet mit Fasten und Almosen ist besser als viel Gold zum Schatz sammeln; denn die Almosen erlösen vom Tode, tilgen die Sünden, erhalten am Leben. Die Gottlosen aber bringen sich selber um ihr Leben. So will ich nun die Wahrheit offenbaren und den heimlichen Befehl euch nicht verbergen. Da du so heiß weintest und betetest, standest du vor der Mahlzeit auf und begrubst die Toten, hieltest die Leichen heimlich in einem Hause und begrubst sie bei der Nacht, da brachte ich dein Gebet vor den Herrn. Und weil du Gott lieb warst, so mußte es so sein: ohne Anfechtung solltest du nicht bleiben, auf daß du dich bewähren würdest. Und nun hat mich Gott geschickt, daß ich dich solle heilen, und den bösen Geist vertreiben, der um Sara, deines Sohnes Weib, war. Und ich bin Raphael, einer von den sieben Engeln, die wir vor dem Herrn stehen.

Als sie das hörten, erschraken sie, zitterten und fielen auf ihr Angesicht zur Erde. Und der Engel sprach zu ihnen: Seid getrost und fürchtet euch nicht! Denn Gott hat's haben wollen, daß ich bei euch gewesen bin; den lobet und dem danket! Es schien wohl, als äße und tränke ich mit euch; aber ich brauche unsichtbarer Speisen und eines Trankes, den kein Mensch sehen kann. Und nun ist's Zeit, daß ich zu dem wieder hingehe, der mich gesandt hat. Danket ihr Gott und verkündigt seine Wunder. Und als er das gesagt hatte, verschwand er vor ihren Augen und sie sahen ihn nimmer. Und sie fielen nieder drei Stunden lang und dankten Gott; und danach standen sie auf und sagten solches weiter und verkündigten seine großen Wunder.

Lobgesang Tobias

Der alte Tobias aber tat seinen Mund auf, lobte Gott und sprach: Herr, du bist ein großer, starker Gott, und dein Reich währet ewiglich.

Du züchtigest und tröstest wieder; du kannst in die Hölle stoßen und wieder herausführen; deiner Hand kann niemand entfliehen.

Ihr Kinder Israel lobet den Herrn, und vor den Heiden preiset ihn!

Denn darum hat er euch zerstreut unter die Heiden, welche ihn nicht kennen, daß ihr seine Wunder verkündiget, und die Heiden erkennen, daß kein allmächtiger Gott ist denn er allein.

Er hat uns gezüchtigt um unsrer Sünden willen, und durch seine Güte hilft er uns wieder.

Sehet, was er getan hat! Mit Furcht und Zittern lobet ihn in seinen Werken und preiset den, der ewiglich herrschet!

Und ich will ihn auch preisen in diesem Lande, darin wir gefangen sind; denn er hat seine Wunder über ein sündliches Volk erzeigt.

Darum bekehret euch, ihr Sünder, und tut Gutes vor Gott und glaubet, daß er euch Güte erzeigt!

Und ich will mich nun von Herzen freuen in Gott. Lobet den Herrn, ihr seine Auserwählten, haltet Freudentage und preiset ihn! Jerusalem, du Gottesstadt, Gott wird dich züchtigen um deiner Werke willen; aber er wird sich wieder dein erbarmen.

Lobe den Herrn um seine Gaben und preise den ewigen Gott, daß er seine Hütte in dir wieder baue und alle deine Gefangenen wieder hole, daß du ewiglich dich freuen mögest!

Du wirst wie ein heller Glanz leuchten, und an allen Enden auf Erden wird man dich ehren.

Von fernen Landen wird man zu dir kommen und Geschenke bringen.

In dir werden sie den Herrn anbeten, und du wirst das «Heiligtum» heißen; den großen Namen des Herrn werden sie in dir anrufen.

Verflucht werden sein alle, die dich verachten; verdammt werden sein alle, die dich lästern;

Gesegnet werden sein alle, die dich bauen.

Du aber wirst dich freuen über deine Kinder, denn sie werden alle gesegnet und zum Herrn gebracht werden. Wohl denen, die dich lieben und die dir wünschen, daß dir's wohl gehe!

Meine Seele lobe den Herrn; denn der Herr, unser Gott, wird die Stadt Jerusalem von allen Trübsalen erlösen.

Wohl mir, so die übrigen von meinem Samen sehen werden Jerusalem in seiner Herrlichkeit!

Die Pforten Jerusalems werden von Saphir und Smaragd gebaut werden und aus Edelsteinen ringsum all ihre Mauern.

Mit weißem und reinem Marmor werden alle ihre Gassen gepflastert werden, und in allen Straßen wird man «halleluja!» singen.

Gelobet sei Gott, der sie erhöht hat; und sein Reich bleibe ewiglich über ihr! Amen.

Abschiedsworte des alten Tobias

Nach dieser Geschichte, als Tobias war wieder sehend geworden, lebte er noch zweiundvierzig Jahre und sah seine Kindeskinder. Und als er nun hundertundzwei Jahre alt war, ward er mit Ehren begraben zu Ninive. Denn da er sechsundfünfzig Jahre alt war, ward er blind; und im sechzigsten Jahr ward er wieder sehend; und hat die übrige Zeit seines Lebens fröhlich zugebracht und nahm sie in Gottesfurcht und starb in gutem Frieden. Vor seinem Tod aber forderte er Tobias, seinen Sohn, zu sich und sieben junge Knaben, seines Sohnes Kinder, und sprach zu ihm: Zieh nach Medien, mein Sohn! Ninive wird bald zu Boden gehen, denn das Wort des Herrn wird geschehen; aber in Medien wird alsdann noch eine Zeitlang Friede sein. Und unsere Brüder, die noch im Lande sind, werden zerstreut werden aus dem guten Lande. Und Jerusalem wird wüst sein eine Zeitlang. Aber Gott wird sich ihrer wieder erbarmen und sie in das Land zurückführen; und sie werden das Haus bauen, nicht so, wie das erste gewesen ist, bis der Zeit Lauf erfüllt ist. Und danach werden sie zurückkehren aus ihren Gefängnissen und Jerusalem herrlich aufbauen, und das Gotteshaus darin wird prächtig erbaut werden auf ewige Zeiten, wie die Propheten geredet haben. Und auch die Heiden werden sich bekehren, daß sie Gott den Herrn wahrhaftig fürchten, und werden ihre Götzen verlassen und gen Jerusalem kommen und da wohnen. Und alle Heiden und Könige werden sich darin freuen und anbeten den Gott Israels.

So höret nun, meine Söhne, euren Vater: Dienet dem Herrn in der Wahrheit und haltet auch zu ihm rechtschaffen. Tut, was er geboten hat und lehret solches eure Kinder, daß sie auch Almosen geben, daß sie Gott allezeit fürchten und ihm trauen von ganzem Herzen. Und, liebe Kinder, höret mich und bleibet nicht hier zu Ninive; sondern wenn ihr eure Mutter auch begraben habt neben mich in meinem Grabe, alsdann macht euch auf, daß ihr von hinnen zieht. Denn ich sehe, daß die Sünde Ninives wird mit ihr ein Ende machen.

Lebensende des Tobias

Und alsbald nach seiner Mutter Tod zog Tobias von Ninive mit seinem Weib, Kindern und Kindeskindern und zog gen Medien zu seinem Schwiegervater und seines Weibes Verwandten und fand sie frisch und gesund in einem guten ruhigen Alter; und er pflegte ihrer. Und als sie starben, drückte er ihnen auch die Augen zu und kriegte also das ganze Erbe und alle Güter Raguels; und lebte bis in das fünfte Geschlecht und sah seine Kinder und Kindeskinder. Und als er neunundneunzig Jahre alt war, welche er in Gottesfurcht fröhlich zugebracht hatte, begruben ihn seine Verwandten. Und all sein Geschlecht blieb in heiligem Wandel und Leben, also daß sie angenehm waren vor Gott und den Leuten und allen, die im Lande wohnten.

Ro

Barbara Nordmeyer

Über das Buch Tobias

Beschäftigt man sich längere Zeit mit der Tobias-Erzählung, so kann es sein, daß die Empfindung wächst, als sei da jemand, der einen an der Hand nimmt und einen Weg führt – urvertraut und ständig neu. Die Bilder werden durchsichtig für den menschlichen Lebenslauf überhaupt.

Tobias erfährt das Schicksal der Heimatlosigkeit, muß in der Fremde leben. Kennen wir das nicht? „Kein Ort. Nirgends" heißt das Buch von Christa Wolf. Es ist das Gleiche, was aus der Aussage eines Jonesco spricht: „Ich bin nicht von hier." Es ist gut, sich nicht häuslich einzurichten hienieden.

In aller Bedrängnis der Fremde bewahrt Tobias jedoch seinen Glauben. Er hält fest an den geistigen Gesetzen seiner himmlischen Herkunft. Den Leidenden spendet er Trost; er hilft die Armut zu lindern und ist trotz aller Fährnis unermüdlich bedacht, die Toten würdig in den Schoß der Erde zu betten.

Ein guter Mensch also. Warum nun die neue und noch schwerere Prüfung? Hegen wir doch weithin die naive Meinung, Guttaten müßten belohnt werden! Die weise Erfahrung der Apokalypse, die Liebe Gottes gerade aus den Prüfungen zu erspüren, ist noch der Zukunft vorbehalten.

Ein Vogel, ein Flügelwesen der Lüfte also, raubt Tobias das Augenlicht, trübt ihm das Schauen, umschließt ihn mit Finsternis. Auch dieses Geschick wird angenommen – fraglos. Erst die Klagen und Vorwürfe seiner Frau machen ihn sterbensmüde, lassen den Vereinsamten um den Tod bitten. Es reicht.

Dieses notgeborene Gebet hat die Kraft, zu Gottes Ohr vorzudringen, und ruft den Heilerwillen Raphaels auf den Plan. Gleichzeitig gibt die schuldlose Qual einem anderen Menschen, Sara, in einer fernen Stadt die Gewalt, betend an Gottes Ohr zu gelangen. Nun werden zu unseren Häupten, im Bereich der Engel, Schicksalsfäden geknüpft. Wie sich das aufeinander zu bewegt, ungestört von Berechnung und klugem Kalkül!

Aber nun muß noch ein anderer Mensch in das Schicksalsnetz einbezogen werden. Der Sohn, der junge Tobias, erhält den Auftrag, das verliehene Geld zurückzuholen. Unsere nach Sinngebung verlangenden Herzen werden befriedigt von solchen Aufträgen. Aber wie ist das zu bewerkstelligen? Und wer kennt den Weg? Die Suche beginnt.

Als habe die göttliche Welt nur auf die Intensität des Suchens gewartet, da stellt sich auch schon der Weggefährte ein. Wir erfahren, es ist ein Engel, Raphael, der vor Gott steht, der nun die irdischen Wege begleitet, sich in die Unscheinbarkeit eines Menschen verwandelnd. Wissen wir immer genau, wer da an unserer Seite geht? Ist es ein Mensch, ein Engel oder ein Dämon?

Der Weg führt an den Strom, den Tigris, und läßt plötzlich ein lebenbedrohendes Hindernis auftauchen. Der Gefährte verhindert jedoch die Gefahr nicht, wie wir gemeinhin erwarten; aber er weiß Rat, wie sie zu bewältigen sei. Der Fisch, der da so bedrohlich auftaucht – „hilf, Herr, er will mich fressen!" –, es gilt, ihn zu fangen und ihn sich selbst einzuverleiben! Das ist wohl ein weiser Rat! Wie oft verzehrt uns die Sorge vor einer Gefahr. Gehen wir jedoch resolut auf das Gefürchtete zu, und nehmen wir es freiwillig in uns auf, dann kann es sogar sein, daß das Hemmnis sich hilfreich erweist und der Bedrohung Heilkräfte entwachsen.

Die Begegnung mit dem Fisch! Nicht von ungefähr war der Fisch, Ichthys, im Urchristentum das Zeichen für den Christus und seine strömende Lebenskraft. So spricht es aus einer griechischen Inschrift: „O göttlicher Sproß vom himmlischen Ichthys, empfange mit einem Herzen voll Ehrfurcht das Leben der Unsterblichkeit inmitten der Sterblichen. Verjünge deine Seele, mein Freund, in den göttlichen Gewässern mit den ewigen Strömen der Weisheit. Empfange die leibliche Speise des Erlösers der Heiligen: iß, trink und halte den Fisch in deinen Händen."

Jona mußte drei Tage im Bauche des Fisches verweilen und erfuhr das Mysterium des Stirb und Werde. Tobias wurde der Rat erteilt, dem Fisch heilende Kräfte zu entbinden. Die Organe dieses Wesens, noch ganz durchdrungen von der ätherischen Welt, Herz, Leber und Galle, durchkraftet von den Ätherströmen der Sonne und der Planeten, sie vermögen zu heilen. Tobias ist gut beraten, wenn er diese kostbaren Substanzen aufbewahrt.

Nun führt der Engel zur Begegnung mit der Schicksalsgefährtin, ihm vorbestimmt aus den Himmeln. Die Verbindung ist nicht ohne Fährnis: Es kann ja gar nicht anders sein, als daß das Mysterium der Einswerdung der Geschlechter, das Mysterium der Menschwerdung umkämpft ist.

Doch das niedere Ego, die Dämonen müssen weichen, wenn Seelen sich gemeinsam erheben in der Gesinnung des Opfers. Dann kann sich ein Gefäß bilden, in das eine neue Seele eintreten mag. Das ist dann wahrlich eine Hohe-Zeit, ein Fest des Glücks, wenn das Ich sich erweitert zum Wir!

Doch die Sonne dieses Glückes soll auch anderen leuchten. Sie darf nicht vergessen lassen, wie viele noch im Dunkel des Unglücks leiden, wie wir alle aufeinander angewiesen sind: Da harrt doch noch der alte Tobias im Dunkel seiner Blindheit! Er kann sich selber nicht heilen. Sein Teil ist das Warten in Geduld. Wird der Sohn ihn auch nicht vergessen in seinem Glück? Nein, der Jüngling ist hellhörig, so daß er die Mahnung des Gefährten zum Aufbruch erlauscht.

Vom Engel geleitet, eilt er voraus zu den wartenden Eltern. Mächtig und tief ist die Freude des Wiederfindens. Und mehr noch, der Sohn bringt die heilende Arznei für den Blinden. Die Galle des wundersamen Fisches zieht die Trübnis wie ein Häutlein vom Auge.

Aber wer war es denn, der dies alles zum Guten führte? Der den Weg kannte, der Rat wußte in der Gefahr und ihr die Heilkräfte entrang? Holt den Gefährten! Und nun offenbart sich im Abschied seine göttliche Herkunft.

Verkleidet sind wir alle hier auf Erden; doch die Grade sind verschieden. Wer könnte von sich sagen, daß sein Ich vor dem Angesicht Gottes steht, während er das Kleid des Menschen trägt und es den Anschein hat, daß er ißt und trinkt wie unsereins! Sie wähnten sich allein und waren es doch nicht einen Augenblick.

Zuletzt münden die Klagen in Lobgesänge. Und sie sind nicht nur schön, sie haben den Rang von Taten. Sie sind im wahrsten Sinn des Wortes erbaulich. In der Finsternis der Schmerzen, welche die Seelen nicht verhärteten, sind Augen gereift, der prophetische Blick, der nun erkennt, wie wir in aller Not mit bauen an der himmlischen Stadt Jeru-scha-lajim. „Aus Schmerzen wird die neue Welt geboren" (Novalis). Die Tränen, wenn sie frei waren von Bitternis, schimmern nun als edle Kristalle, Saphir und Smaragd, und gewähren uns Einlaß und Wohnrecht in der zukünftigen Behausung.

Tobias geht seinen Lebensweg, getrosten Mutes, denn er trägt den Fisch, der wie ein Vor-Bild dessen ist, der einst die Wege der Menschen begleiten wird, himmlische und irdische Welten, Zukünftiges und Vergangenes ineinander verwebend.

Katrin Hofmann

Das Tobias-Triptychon

Im Herbst 1984 wurden nach zweijähriger Arbeit die drei Gobelins für den Gemeinschaftsraum des Kinderheims Sonnenhof in Arlesheim übergeben. Die bilderreiche Geschichte aus den apokryphen Schriften des Alten Testaments – das Buch Tobias – ist das Thema dieses Triptychons. Es wurde entworfen von Walther Roggenkamp und gewoben von Hildegard Osten.

Vor diesem klingenden Farbenepos stehend, wird man ergriffen von den starken, bewegten Formgebärden und geführt in ein Leben mit diesen Bildern:

Vom Lichte, das im Mittelteil des Triptychon erscheint, wird der Blick zu den jubelnden Farben des linken Seitenflügels und dann zum strahlend geformten Helldunkel auf der rechten Seite geführt. Hier kündigt sich Bedeutsames an: Geheimnisvoll tiefe Farbtöne, streng geformt, leuchten von unten. Rechts die Gestalt des knienden Tobias; die erstarrenden Formen verdichten sich zum Bildrand in einem Antlitz. Der erblindete Mann fleht um seine Erlösung durch den Tod. Ihm raubte eine Schwalbe durch ihr Geschmeiß das Augenlicht, als er einen Toten begrub. Gegenüber, auf dem linken Seitenflügel, zeigt uns das Rot in schwingenden Bewegungen die betende Sara. Über sie herrscht der Dämon Asmodeus, in feurigen Krallen die Schattenköpfe der sieben Männer haltend, die er durch Sara sterben ließ. Der Geschichte nach bittet die junge Frau zur gleichen Stunde wie der alte Tobias um den Tod.

Der mittlere Bildteppich enthält als Hauptmotiv

den wandernden Tobias am Ufer eines Flusses. Der Fisch, den er in Händen hält, bildet den Mittelpunkt der gesamten Bildkomposition. Tobias schreitet, umhüllt von aufsteigenden, kreisenden Fügungen, die über seinem Kopf einen Lichtmond bilden und ihn so mit der übermächtigen Gestalt verbinden: Die beschützende und weisende Gebärde des Engels Raphael führt den Wanderer. Als Himmelsbote umhüllt und leitet er mit seinen Flügelbewegungen. Auch ist es Raphael, der den Tobias auffordert, den auftauchenden Fisch zu fangen und Teile von ihm zu bewahren. Ein Hündlein als irdischer Begleiter zieht mit ihnen. Folgen wir der flammenden Flügelgebärde Raphaels, erblicken wir auf dem linken Bildteil zwei Gestalten im Opferdienst kniend. Sie erscheinen aufgenommen in blühenden Farben, die eine Befreiung aus bläulichen Rauchschleiern erleben lassen. Wir wissen, daß in der Hochzeitsnacht der junge Tobias und seine Frau Sara im Gebet und durch das Rauchopfer den Geist Asmodeus bannen.

In einem weiten Bogen nach rechts ziehend, gelangen wir zu jenem Teil, der geprägt ist von der Schwere des leidtragenden alten Tobias. Aufgebrochen wird dieses Dunkel durch ein hereinstrahlendes Gelb: Der zurückgekehrte Sohn erlöst den erblindeten Vater! Dem wiedergegebenen Augenlicht ist die Finsternis gewichen, aus dem Blinden wurde ein Schauender.

Das Geschick des Tobias ist in der Bild-Sprache gestalteter Formen, einer atmenden Farbenwelt neu erstanden.

Indem die wesentlichen Geschehnisse der Geschichte im Bilde aufgegriffen und zu einem Ganzen gefügt werden, kann ein zeitliches Moment sichtbar werden. Anfang und Ende und was in der Erzählung nacheinander folgt, ist überschaubar. Aus der Bildidee hat sich die Form des Triptychons ergeben und schafft in der Ortung der Figuren eine Aussage. Die Möglichkeit, die Bilder im Reichtum des textilen Materials verwirklichen zu können, bestimmt schon die Entwurfsarbeit des Künstlers. So wird die flächenhaft angelegte Farbkomposition im Hinblick auf die Ausführung durch das Liniengefüge einer Werkzeichnung vorbereitet; der Farbentwurf selbst gilt für die Verwirklichung der Farbigkeit in der Webfläche. Dann wechselt die so gestaltete Idee die Künstlerhand. Durch das Zusammenwirken von weichem Wollgarn und feinen Seidenfäden entsteht die Farbenlebendigkeit einer Bildwelt. In fließenden Übergängen und in streng gehaltenen Grenzen wächst langsam Webfläche an Webfläche, Farbfläche an Farbfläche. Schon im Wickeln der Webfäden wird in subtiler Weise die Farbigkeit vorbereitet, welche dann in der gewobenen Fläche als eine in Licht und Schatten wirkende Wesenheit schimmert. Die lichtglänzenden Fäden nehmen die Tageshelle und Farbigkeit auf, während die dunklen bläulichen Farbtönungen sich mit der Dämmerung verbinden; so lebt in wechselvollem Farbenspiel die Bildkomposition.

Wenn die schöpferischen Fähigkeiten zweier Menschen sich für ein gemeinsames Werk zusammenfinden, bedeutet das eine Öffnung für das sonst bindende Verhältnis vom Schaffenden zu seinem Werk.

Wird es einem schöpferischen Menschen möglich, einen Ideenkeim so freizugeben, daß weitere Hände sich daran beteiligen, Menschen mit ihren inneren Motiven und Fähigkeiten eintauchen können, dann entsteht mehr, als der Einzelne zu vollbringen vermag.

Hildegard Osten

1909 in Bad Oldesloe geboren, geht Hildegard Osten nach ihrer Lehrzeit bei Alen Müller-Hellwig in Lübeck als Gesellin an die Webabteilung der Schule für Gymnastik in Loheland, wo sie bald ihre Meisterprüfung ablegt. Studienaufenthalte in München und Schweden geben Gelegenheit, Neues kennen zu lernen. Mit einem reichen Erfahrungshintergrund eröffnet Hildegard Osten 1939 ihr eigenes Atelier an der Königsstraße in Lübeck. Durch ihr Können sind Entwürfe von Alfred Mahlau, Cesar Klein, Fath Winter und anderen in große Bildteppiche verwandelt worden. Kleider und Gebrauchsstoffe, die durch ihre spezielle Farbzusammenstellung überzeugen, werden kreiert. Durch die jahrelange Arbeit im Farbenreichtum der Webflächen bildet sich eine neue Form als Weiterführung der traditionellen Gobelinweberei heraus.

In der Zusammenarbeit mit Walther Roggenkamp erfährt Hildegard Ostens eigene Art der Bildweberei eine Steigerung: Die auf ihr besonderes Können hin angelegten Entwürfe lassen in zarten Übergängen und in nuancierten Flächen eine Farbtransparenz erscheinen, die nur durch solche empfindsamen Hände entstehen kann.

Dem Zyklus von sieben Bildteppichen zum Traumlied von Olav Asteson folgen weitere Bildteppiche, auch eine fünfteilige Komposition zu dem Märchen „Das Quellenwunder" von Rudolf Steiner, sowie Motive aus den Bereichen menschlicher Lebens- und Schicksalsgestaltung. Seit 1965, dem Jahr der Begegnung mit Walther Roggenkamp, sind nahezu fünfzig Bildteppiche aus dieser gemeinsamer Arbeit entstanden.

Walther Roggenkamp

1926 in Ulm geboren. Nach kurzen Studium an der Kunstakademie in Stuttgart begegnet er, aus dem Kriegsdienst entlassen, dem Maler und Farbforscher Julius Hebing in Köngen. In der Auseinandersetzung mit der Goetheschen Farbenlehre öffnet sich der Weg zu den Geheimnissen der Farben. Vertieft wird der Umgang mit der Farbe in ihrer eigenen Gesetzmäßigkeit an den Skizzen Rudolf Steiners bei der Malerin Henni Geck in Dornach.

An diese Zeit anschließend entstehen Pflanzenbilder für die dreibändige Heilpflanzenkunde von Wilhelm Pelikan. Mit künstlerischen Mitteln, beschränkt auf Schwarzweiß, soll das Geheimnis des Lebendigen erlebbar gemacht werden. Später, im Material des Glases, bietet sich die Möglichkeit, unmittelbar durch die Wirkung des differenzierten Lichtspiels zu schaffen. Mit Willem Westbroek werden großflächige Gestaltungen in dunkelfarbigem Glas geschliffen; in den weitläufigen Gebärden ist das verflochtene Geschehen menschlicher Schicksalswege zur Darstellung gebracht (Hibernia-Schule, Wanne-Eickel; Voith-Ausbildungszentrum Heidenheim, Rudolf-Steiner-Haus Stuttgart). Ähnliche Flächengestaltungen entstehen in Sgraffittos, Betonreliefs und Mosaikbildern.

Aus der Beschäftigung mit der Bilderwelt der Mythologie der Märchen und der modernen Dichtung des Saint John Perse ergeben sich Aufträge für Buchillustrationen aus dem Hell-Dunkelgefüge der Federzeichnung und einer eigens entwickelten Steinschnitt-Technik.

Früh gelangte Walther Roggenkamp zu ersten Arbeiten für das Theater. Das Bühnengeschehen im farbig flutenden Licht zu begleiten, in wechselnder Farbstimmung aufleuchten zu lassen, wird ihn immer wieder beschäftigen. Die letzten größeren Aufträge waren die Bühnenbilder für das Drama „Die Kinder des Luzifer" von Edouard Schuré, die Neuausstattung der Faust-Festspiele am Goetheanum, Dornach, in denen Faust I und II von Goethe ungekürzt aufgeführt werden, und die Bühnendekoration zu Mozarts „Zauberflöte" für das Freie Opernensemble, Bochum. Roggenkamps besonderes Anliegen ist es hier, die Farben im Licht und auf der Bühne als selbständiges Kunstmittel zu handhaben. Das führte zu neuen Techniken in der Kulissenmalerei und in der Beleuchtung.

Die Begegnung mit der Bildweberin Hildegard Osten wurde für Roggenkamp zu einem neuen Schaffensimpuls. Angeregt durch den feinfühligen Umgang der Weberin mit den farbigen Fäden, entwirft er immer wieder Bildkompositionen zum Thema geistgeführten Menschenlebens, die dann als Bildteppiche in Erscheinung treten.

Das Tobias-Triptychon wurde entworfen von Walther Roggenkamp und gewoben von Hildegard Osten 1983/84. Gobelin in Wolle und Seide, Höhe 2,30 m, Breite 3,90 m.
Es befindet sich heute im Besitz des Heilpädagogischen Instituts „Sonnenhof" in Arlesheim/Schweiz.

CIP-Kurztitelaufnahme der Deutschen Bibliothek

Das **Tobias-Triptychon – das Buch Tobias** / Bildteppiche nach Entwürfen von Walther Roggenkamp. Gewoben von Hildegard Osten. Mit Beitr. von Barbara Nordmeyer; Katrin Hofmann. – Stuttgart: Verlag Freies Geistesleben 1986.
ISBN 3-7725-0882-0
NE: Nordmeyer, Barbara (Mitverf.)

Fotos: Hans Gross, St. Gallen
Reproduktionen: Herzog, Stuttgart
Schrift: „Birke", Entwurf Walther Roggenkamp
Der Text ist entnommen dem Alten Testament
in der Übersetzung Martin Luthers.

Druck: Gaiser Offsetdruck, Schwäbisch Gmünd